Blume, Sonne, Herz und Stern

Neuausgabe 2021

www.herder.de
Gestaltung und Satz: Uwe Stohrer, Freiburg
Umschlagfotos und Fotos im Innenteil: Bärbel Freitag
Illustrationen: Hannah Rosa Freitag

Herstellung: PB Tisk, a.s., PRÍBRAM

Printed in the Czech Republic
ISBN 978-3-451-38945-0

Bärbel Freitag

Blume, Sonne, Herz und Stern

Werkbuch für Kinder

HERDER

FREIBURG · BASEL · WIEN

Meinem Mann Christian und
meinen Töchtern Hannah Rosa und Mona Lisa,
die in meinem Leben blühen, mich wie die Sonne wärmen,
in meinem Herzen wohnen und
mit mir nach den Sternen greifen.

Inhalt

Vorwort

„Am allermeisten freue ich mich über ein selbstgemachtes Geschenk!" Das waren stets die Worte, die ich als Kind und auch noch als Jugendliche vor den Geburtstagen, vor Mutter- und Vatertagen und vor Weihnachten von allen, die ich beschenken wollte, zu hören bekam. Ich kann mich gut erinnern, wie ich die Zeit vor den Festen und Feiern damit zubrachte, mir etwas auszudenken. Und wie ratlos ich oft war, weil ich weder das geeignete Material, noch das nötige Werkzeug zum Bauen hatte. Als ich acht Jahre alt war, kaufte ich in meiner Not in unserem kleinen Tante-Emma-Laden eine Seife. Die schenkte ich meiner Mutter zum Muttertag. Ihr enttäuschtes Gesicht, das sie vergeblich zu verbergen versuchte, werde ich nie vergessen.

Mit dem festen Vorsatz, dass mir so etwas nie wieder passieren würde, begann ich gleich am nächsten Tag, mich auf Weihnachten vorzubereiten. Ich fing an, aus Dingen, die ich zu Hause oder in freier Natur fand, kleine Objekte zu bauen. Da entstanden Sterne aus gesammelten Eisstäbchen, Herzen aus Pappe von alten Schachteln und Weihnachtslichter aus leeren Gurkengläsern. Ich verzierte mit Ästen, Moos und Steinen. Wollreste und Knöpfe, die ich in Omas Nähkörbchen fand, taten das Übrige. Die Freude der Beschenkten war groß und meine Motivation wuchs mit jeder weiteren Idee, die ich umsetzte. Heute ist es meine Passion, aus vermeintlich Wertlosem etwas zu schaffen, mir Neues auszudenken und mit dem selben Glücksgefühl wie damals anderen eine Freude zu machen.

In meiner Kreativwerkstatt möchte ich dies weitergeben. Ich erlebe Kinder, Jugendliche, aber auch Erwachsene, die mit Hingabe und Ausdauer ihre Werke erfinden und bauen. Und heute weiß ich, wie wichtig und gut es für die persönliche Entwicklung jedes Menschen ist, sich schöpferisch zu betätigen. Dies kann auf vielfältige Weise passieren. Das kreative Gestalten ist eine Möglichkeit dafür und gerade für Kinder besonders bedeutsam. Eigenhändig etwas zu schaffen stärkt das Selbstwertgefühl, trainiert Feinmotorik und logisches Denken und vor allen Dingen macht es Spaß.

Wenn Kinder mit dem kreativen Gestalten beginnen, brauchen sie möglichst bald Erfolgserlebnisse, die ihre Mühe belohnen. Jede und jeder noch so Motivierte wird vermutlich bald aufgeben, wenn es heißt: „Mach einfach irgendwas!" Wenn Sie jedoch einige erprobte Vorschläge für die Kinder zur Hand haben, können sie sicher werden im Umgang mit Material und Werkzeug, Erfahrungen in handwerklichen Techniken sammeln und die Eigenschaften der verschiedenen Werkstoffe kennenlernen. Nach dem Gelingen der ersten einfachen Werke fällt es leichter, sich auch an Anspruchsvolleres zu wagen. Und mit jedem weiteren Objekt wächst das Können und die Kreativität.

Mit meinem Buch möchte ich Sie inspirieren und ermuntern, dies auszuprobieren. Ob Sie gemeinsam mit Ihren Kindern kreativ werken und basteln, in Kindergarten, Hort oder Schule Ideen für neue Werkprojekte brauchen oder einfach für sich selbst etwas bauen möchten – fangen Sie einfach an! Als Einstieg finden Sie hier zahlreiche Vorschläge, die sie genauso oder natürlich auch ganz anders machen können.

Suchen, sammeln, mitbringen, sortieren, umfunktionieren – nach diesen ersten grundlegenden Tätigkeiten kommen die Ideen ganz von allein. Das Material ist die erste Inspirationsquelle. Je vielfältiger es in Farbe, Form, Beschaffenheit und Oberfläche ist, umso mehr Möglichkeiten der Gestaltung ergeben sich. Neben den gesammelten Sachen benötigen Sie

Farben, Klebstoff, Draht und ein paar Werkzeuge. Eine lohnende Sache für Kindergarten oder Schule wäre eine Bohrmaschine, am besten eine Standbohrmaschine. Falls das nicht möglich ist, kennen sie bestimmt jemanden, der eine hat und für Sie die Löcher bohren kann. Auch im Baumarkt oder beim Schreiner kann man nachfragen, und gegen eine kleine Entlohnung wird Ihnen sicher geholfen. Sind Ihre Materialien und Werkzeuge vorbereitet, kann es losgehen.
Wenn ich heute von meinen Kindern etwas Selbstgebautes bekomme, weiß ich nicht, wer sich mehr freut: Ich, weil ich weiß wie viel Zeit und Mühe in dem Geschenk steckt, oder sie, weil sie meine Freude spüren und stolz auf ihre Werke sind. Ich glaube, in selbstgemachten Geschenken wird Liebe mitgeschenkt, auch ohne Worte und das macht sie so besonders.

In diesem Sinne wünsche ich allen, ob Klein oder Groß, ein frohes Schaffen und Schenken!

Bärbel Freitag

Blumenwunder

Freude – Wachstum – Schönheit – Frühling – Festlichkeit

Kochlöffel-Blumen

Eine Kochlöffel-Blume ist ein schönes Geschenk für diejenigen, die für uns kochen und uns Tag für Tag mit leckerem Essen verwöhnen. Manchmal werden Holzkochlöffel ausrangiert, nachdem sie jahrelange Dienste in der Küche hinter sich haben. Zum Wegwerfen sind sie viel zu schade. Mit ein paar Wollresten und Perlen kann man gleich loslegen und die ausgedienten Küchenhelfer in Blumen verwandeln. Wer lieber mit neuen Kochlöffeln arbeiten möchte, bekommt diese im Haushaltswarenbedarf. Beim Einkauf sollte man darauf achten, dass sie unbehandelt sind. Denn nur auf rohem Holz hält die Farbe.

Material	Werkzeuge	Techniken
Holzkochlöffel	Bohrer/Bohrmaschine	bohren
Wasserfarben	Pinsel	malen
Draht/Naturbast	Nadel	fädeln
Holzperlen	Zange	wickeln
Wolle	Schere	verknoten

So gehts:

Den Kochlöffel am oberen Teil rundherum mit Bohrlöchern versehen. Die halbrunden Blütenblätter entstehen, indem man nach dem Aufreihen mehrerer Perlen den Draht durch das Holz führt und fixiert. Diese Tätigkeit wird solange wiederholt, bis die Blüte ringsherum fertig ist. Draht eignet sich hierfür besonders gut, da er in die gewünschte Form gebogen werden kann. Wer Naturbast verwendet, benutzt eine Nadel zum Fädeln. Die einreihigen Blütenblätter entstehen durch eine Doppelfädelung (siehe Skizze). Für den Blumenstängel Wolle um den Löffelstiel wickeln. Zuvor kann man auf dieselbe Weise, wie die Blütenblätter entstanden sind, noch Blätter am Stängel anbringen. Eine sehr hübsche Variante ist die „Pfannenwender-Tulpe“: Am oberen Teil eines Holz-Pfannenwenders werden mit der Laubsäge Zacken ausgesägt und anschließend bemalt.

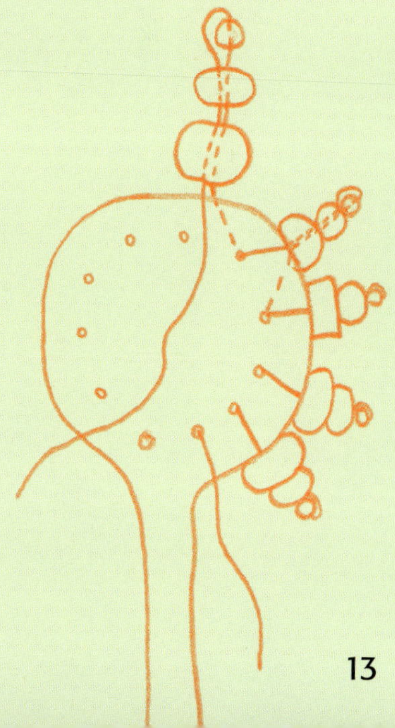

Blütenregen

„Für dich soll´s bunte Blüten regnen", könnte man singen, wenn ein Geburtstagskind durch den Blütenregen gehen darf. Ob als Eingangsvorhang für die Geburtstagsfeier, als Dekoration über dem Geburtstagstisch oder als Haustürschmuck, lädt er alle Gäste freundlich ein. Die vielen Blüten, die dafür benötigt werden, können ein schönes Gemeinschaftsprojekt sein.

Material	Werkzeuge	Techniken
Stabiler Karton	Schere	zeichnen
Bleistift	Nadel	malen
Buntstifte	Dosenlocher	schneiden
Wolle	Unterlage	fädeln
Ast		wickeln
Perlen		nähen

So gehts:

Auf stabilen Karton (z. B. Rückseite eines Zeichenblocks) Blüten zeichnen und mit Buntstiften ausmalen. Die ausgeschnittenen Blüten auf Wolle fädeln (hier wurde Fransenwolle verwendet). Alle Blütenketten werden an einem großen mit Wolle umwickelten Ast befestigt, sodass ein Vorhang entsteht.
Wer statt des Blütenregens lieber eine einzelne Blume verschenken möchte, kann diese durch eine Näharbeit erweitern. Dabei legt man die fertige Blume auf eine dicke Unterlage und sticht Löcher mit einem spitzen Dorn in die Blütenmitte. Mit verschiedenfarbiger Wolle kann nun rundherum genäht werden. Als Aufhängung kann man Perlen auffädeln.

Frühlingsblüher

Wie die Frühlingssonne leuchten die Narzissen, die aus Pappmaschee geformt wurden. Wer sie verschenken möchte, muss rechtzeitig beginnen, da zwischen den einzelnen Arbeitsschritten längere Trocknungszeiten eingeplant werden müssen.

Material

Pappmaschee
Eierkarton
gelbe Perle
Wasserfarben
Draht
Holzstecken
Kreppband
Ziegelstein
Kleber
Filz
Pappe

Werkzeuge

Schere
Pinsel
Zange

Techniken

kneten
formen
malen
fädeln
verzurren
schneiden
stecken
kleben

Rezept für Pappmachee:

Zeitungen
warmes Wasser
Tapetenkleister

Die Zeitungen in kleine Schnipsel reißen, mit warmem Wasser bedecken und über Nacht einweichen. Dann das Wasser absieben und den entstandenen Brei gut durchkneten. Zum Schluss etwas angerührten Tapetenkleister dazugeben und alles noch einmal gut durchkneten.

So gehts:

Das fertige Pappmaschee auf einer Arbeitsplatte ca. 1 cm dick flachdrücken. Mit den Händen die gezackte Narzissen-Blüte formen und diese an einem warmen Ort einige Tage trocknen lassen. Die Spitze eines Eierkartons wird zum Blütenkelch. Er wird rundherum mit Zacken eingeschnitten. Pappmacheeblüte und Blütenkelch gelb bemalen, trocknen und auf Draht fädeln. Die Holzperle in der Mitte anbringen und den Draht daran fixieren. Mit dem überstehenden Draht an der Unterseite der Blüte einen grün bemalten Holzstab als Stängel befestigen und die Verbindungsstelle mit Kreppband verkleiden. Die fertige Narzisse kann in einem grün bemalten Ziegelstein ihren Platz finden. Spitz zugeschnittene Pappstreifen sind die Blätter. Damit die Ziegelsteinunterseite nichts verkratzt, klebt man ein Filzstück auf.

Blumenkistchen

Ein Blumenkistchen bringt ganz viel Freude und ist eine besondere Überraschung. Die mit frischem Moos gefüllten Kistchen sind nicht nur schön anzusehen, sondern auch ideal, um Ostereier oder andere empfindliche Geschenke gut geschützt zu transportieren.

Material

Obstkistchen
Wäscheklammern
Pappkarton
Bleistift
Wasserfarben
Kleber
Moos/Blumen
Folie
Erde

Werkzeuge

Schleifpapier
Pinsel
Schere

Techniken

schleifen
zeichnen
malen
schneiden
kleben
klammern
füllen
einpflanzen

So gehts:

Kleine Obstkisten raut man vor dem Bemalen mit Schleifpapier an, damit die Farbe besser hält. Danach verschiedene Blüten mit Bleistift auf Karton zeichnen, ausschneiden und anmalen. Die Holzwäscheklammern ebenfalls mit Wasserfarben anmalen und trocknen lassen. Jeweils eine Pappblüte an das obere Ende einer Wäschklammer kleben und diese am Rand der Obstkiste festklammern. Wenn die Kiste rundum mit Blumenklammern geschmückt ist, kann sie mit Moos gefüllt werden.

Eine Variante, bepflanzt mit echten Blumen, kann auch mit Herz-Klammern geschmückt werden. Hier wird die Obstkiste vor dem Bepflanzen mit wasserdichter Folie ausgekleidet.

Teelicht-Blüten

Nach dem Abbrennen von Teelichtern bleiben die Hüllen übrig. Da sie aus ganz dünnem Aluminium sind, eignen sie sich hervorragend zum Weiterverarbeiten. Sie lassen sich gut schneiden und leicht biegen. Hier werden sie zu zarten Blütenblättern.

Material	Werkzeuge	Techniken
Teelichthüllen	Schere	schneiden
Astscheiben	Hammer	hämmern
Wasserfarben	Bohrer/Bohrmaschine	bohren
Draht	Pinsel	malen
kleine Perlen	Zange	andrehen
dünne Ästchen	Messer	anspitzen

So gehts:

Die Teelicht-Hüllen nach Belieben am Rand einschneiden und flachdrücken, sodass verschiedene Blütenformen entstehen. Auf einer Unterlage werden sie mit dem Hammer glattgehämmert. Dadurch verlieren sie ihre scharfen Kanten und lassen sich besser weiterverarbeiten. Die Astscheiben mittig durchbohren und mit Wasserfarben anmalen. Nach dem Trocknen fädelt man die Teelichtblüte, die Baumscheiben und die Perlen auf Draht und zurrt diesen fest (siehe Skizze). Zum Schluss werden die Blüten an dünne angespitzte Ästchen gedrahtet.

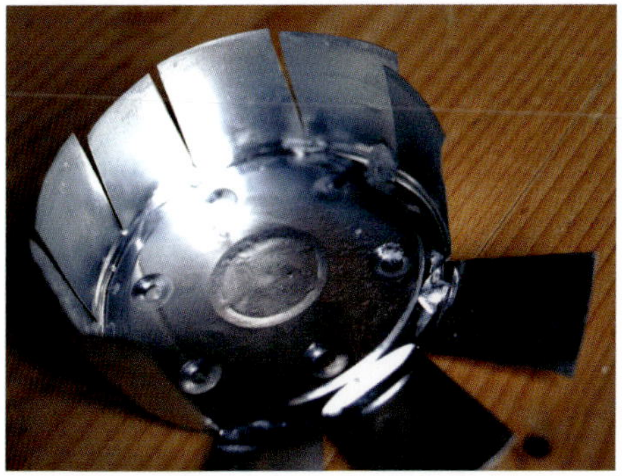

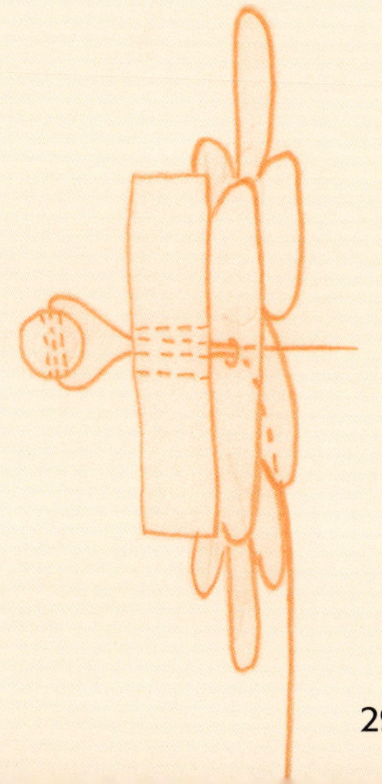

Webblumen

Die bunten Pappblüten sind zugleich Rundwebrahmen. Anstelle von Pappkarton kann auch Sperrholz verwendet werden – so wird aus dieser Idee ein Laubsägeprojekt.

Material	Werkzeuge	Techniken
Pappkarton	Schere/Messer	zeichnen
Bleistift	Pinsel	malen
Wasserfarben	Nadel	schneiden
Wollreste		spannen
		weben
		wickelweben

So gehts:

Mit Bleistift Blüten auf Pappkarton zeichnen und anmalen. Nach dem Trocknen die ausgeschnittenen Blüten sternförmig mit Wolle bespannen. Von der Mitte aus kann nun mit verschiedenen Wollresten gewebt werden. Neue Fäden werden einfach angeknotet und hinter dem Gewebten versteckt. Achtung: Beim Rundweben braucht man eine ungerade Anzahl der Blütenblätter!

Eine Variante neben dem klassischen Weben ist das Wickelweben. Dabei wird jeder Spannfaden einmal umwickelt bevor es zum nächsten weitergeht. Das Wickelweben erfordert keine ungerade Blütenblätteranzahl.

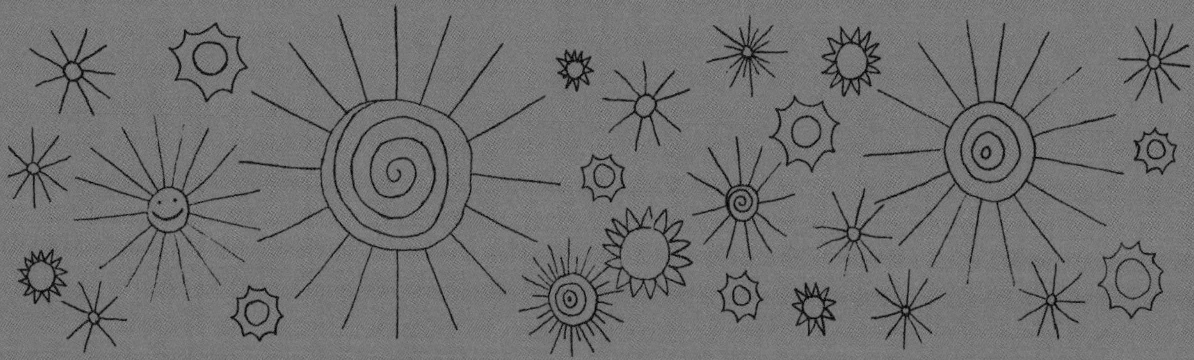

Sonnenträume

Leben – Licht – Wärme – Sommer – Leichtigkeit

Freudenstrahler

Vor Freude strahlen diese kleinen Sonnen. Sie sind ein wunderbares Geschenk für alle, die wir aufmuntern möchten.

Material	**Werkzeuge**	**Techniken**
Astscheibe	Pinsel	bohren
Wasserfarben	Bohrer/Bohrmaschine	malen
Naturbast	Schere	fädeln
Perlen	Nadel	flechten
Blütenstände		verknoten
Äste		

So gehts:

Die Baumscheibe wird rundherum mit Bohrlöchern versehen. Man kann sie sonnengelb bemalen und mit einem lachenden Gesicht schmücken. Anschließend Bast durch die Löcher fädeln und flechten oder einfach nur verknoten. Da Naturbast sehr fest ist, stehen die Strahlen von alleine ab. Mit kleinen Perlen oder trockenen Blütenständen von Gänseblümchen können die Bohrlöcher zugedeckt werden: Perlen näht man an, Blütenstände werden einfach eingesteckt. Wer seinen Freudenstrahler ganz besonders „in Szene" setzen möchte, braucht vier Äste und baut daraus einen stabilen Rahmen. Daran werden die Strahlen festgeknotet.
Eine außergewöhnliche und etwas anspruchsvollere Variante ist es, die Strahlen vom Rahmen aus in Richtung Baumscheibe zu flechten. Dabei entsteht in der Mitte ein zusätzlicher Strahlenkranz.

Sonnen-Stickbild

Um die Grundtechniken des Stickens und Nähens zu erlernen, fängt man am besten mit einem dicken Karton an. Anders als Stoff bleibt Pappe stabil und kann sich beim Durchnähen nicht zusammenziehen. Die Sonnen-Stickbilder sind von beiden Seiten bemalt. Wer sie über die Heizung hängt, kann ständige Hin- und Herbewegungen beobachten, die durch die warme aufsteigende Luft entstehen.

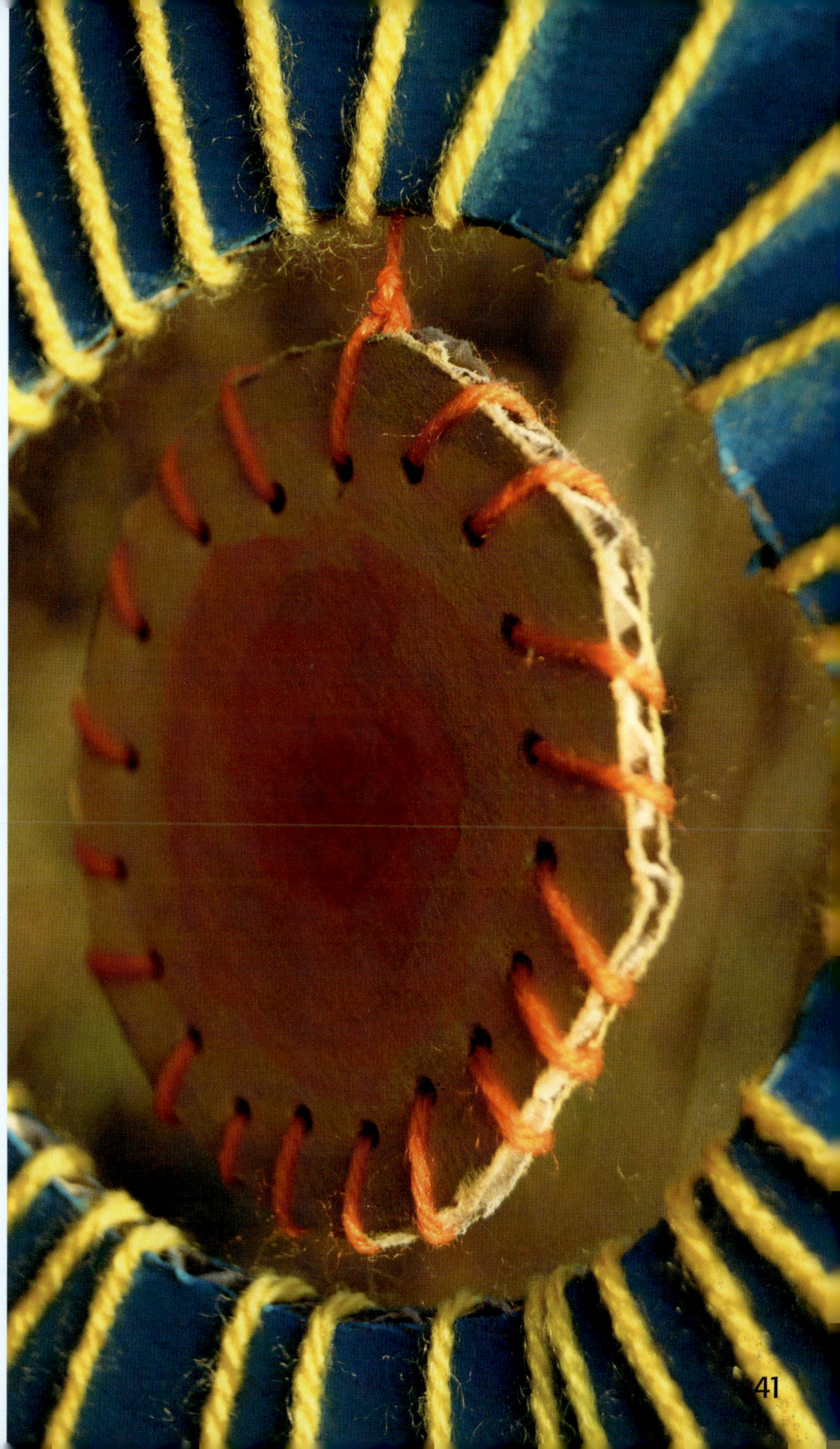

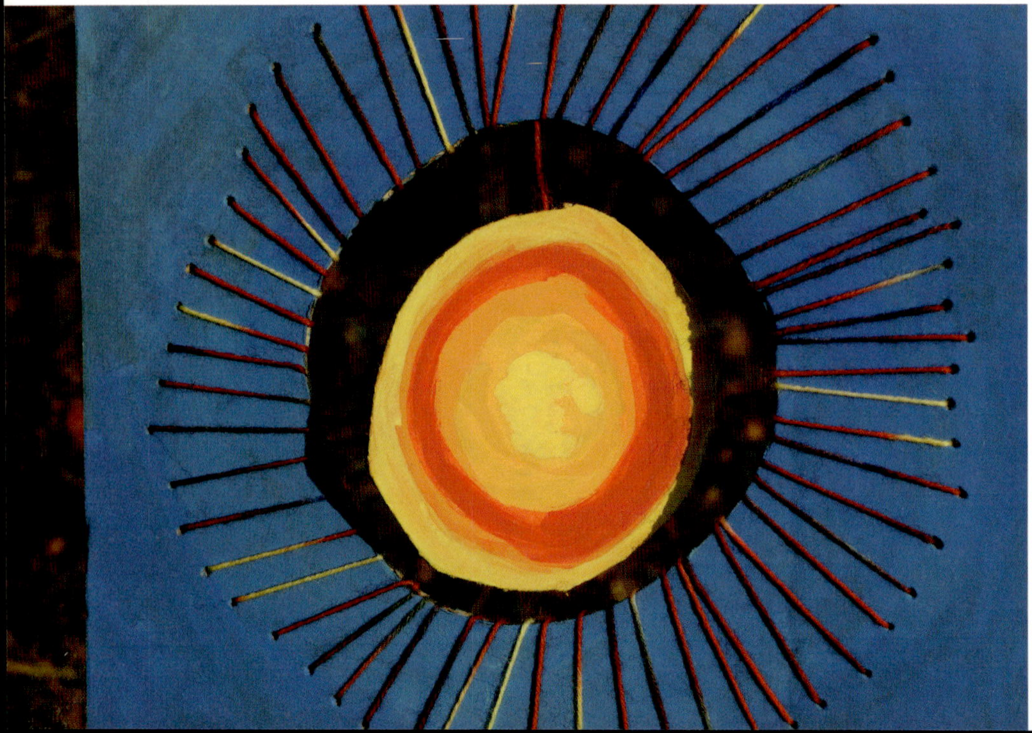

Material	Werkzeuge	Techniken
dicke Pappe	Sägemesser	schneiden
Wasserfarben	Dosenlocher	malen
Wolle	Unterlage	lochen
	Pinsel	sticken/nähen
	Nadel	verknoten

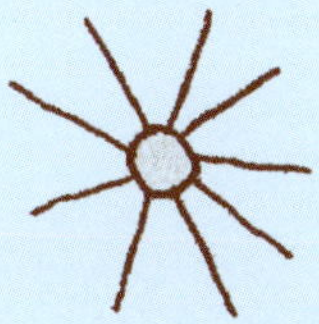

So gehts:

Auf ein dickes Stück Pappe das Sonnen-Innere aufmalen und mit einem Sägemesser ausschneiden. Um das so entstandene Loch herum in beliebigem Abstand einen Kreis aus Löchern bohren. Dazu den Karton auf eine dicke Zeitungsunterlage legen und die Löcher mit einem sogenannten Dorn oder Dosenlocher (mit Holzgriff) durchdrücken. Alle Kartonstücke werden mit Wasserfarben bemalt. Nach dem Trocknen kann mit Wolle rundherum genäht werden, sodass ein Strahlenring entsteht. Das Sonnen-Innere wird anschließend in die Mitte eingefädelt. Zuvor muss man es aber etwas kleiner schneiden, damit es sich frei drehen kann.

Regenbogen-Sonnen

Aus einem kleinen Stück Karton, etwas Wolle und ein paar gesammelten Ästen entstehen diese Regenbogen-Sonnen. Mehr braucht man nicht, um jemandem eine ganz besondere Freude zu machen. Für ein Geburtstagskind könnte jeder Gast einen Sonnenstrahl wickeln und ihn mit einem guten Wunsch an der Sonne befestigen.

Material	Werkzeuge	Techniken
dicke Pappe	Sägemesser	schneiden
Wasserfarben	Schere	malen
dünne Äste	Pinsel	schnitzen
Wolle		wickeln
Holzleim		stecken
		kleben

So gehts:

Aus dicker Pappe mit einem Sägemesser ein rundes Stück als Sonnenmitte ausschneiden und diese anschließend bunt bemalen. Hier sehen zentrische Muster, die eine Art Mandala oder Spirale ergeben, besonders schön aus. Die zugespitzen Äste werden mit bunter Wolle umwickelt und in den Seiten des Kartonstückes eingesteckt. Für einen besseren Halt taucht man die Spitze der Strahlen in Holzleim. Besonders schön wirkt Wolle, die einen Farbverlauf hat, z. B. Sockenwolle.

Sonnen-Webrahmen

Ein Werkprojekt mit zahlreichen Arbeitsschritten und vielfältigen Materialerfahrungen sind die Sonnen-Webrahmen. Dafür braucht es Ausdauer und Geschick. Die Verbindung von Holzwerken und textilem Gestalten stellt eine gewisse Herausforderung dar – am Ende wird man jedoch mit einem ganz besonderen Augenschmaus belohnt.

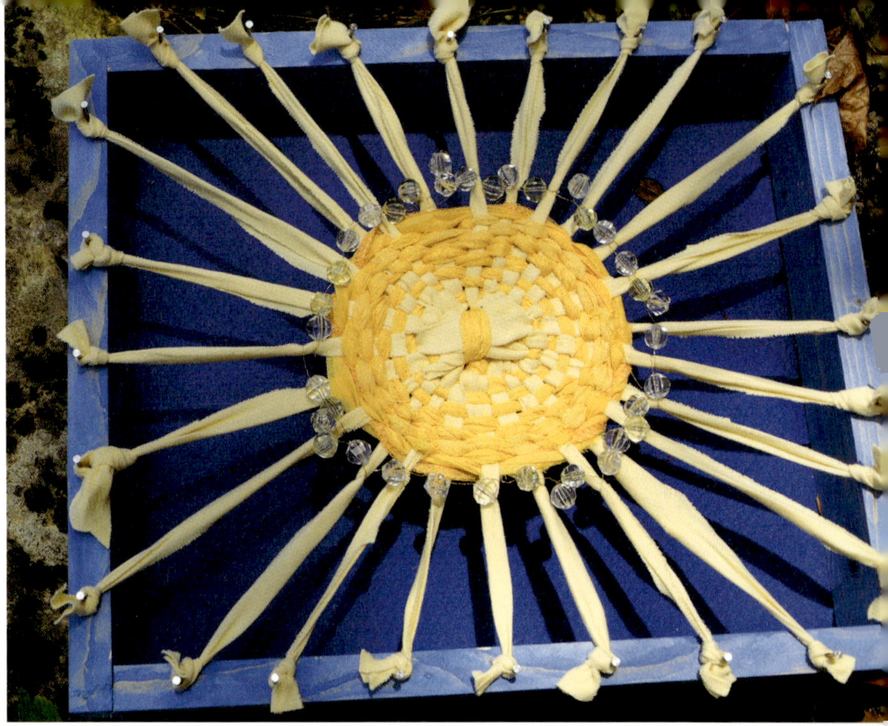

Material	**Werkzeuge**	**Techniken**
Holzlatten	Säge	sägen
Wasserfarben	Schleifpapier	schleifen
Nägel	Pinsel	malen
Reißnägel	Hammer	hämmern
Stoffstreifen	Schere	spannen
Knöpfe/Perlen	Zange	weben
Draht/Wolle	Nadel	fädeln
Stoff als Hintergrund		nähen

So gehts:

Für einen Holzrahmen benötigt man vier Holzlattenstücke. Sie werden so gesägt, dass jeweils die gegenüberliegenden die gleiche Länge haben. Die Holzstücke zunächst abschleifen, dann auf Stoß zusammennageln und nach Belieben bemalen. Den Rahmen nach dem Trocknen am oberen Rand rundherum mit Nägeln bestücken. Zwischen die gegenüberliegenden Nägel jeweils einen langen Stoffstreifen spannen, sodass ein Stern entsteht. Von der Mitte aus kann nun gewebt werden, sowohl mit Stoffstreifen als auch mit Wolle. Zum Schluss die Websonne mit Perlen und Knöpfe verzieren. Mit einem dunklen Stoff als Hintergrund aufgespannt und mit Reißnägeln befestigt, kommt die die Sonne besonders gut zur Geltung. Sollte das Sonnenbild als Fensterbild dienen, spannt man die Stoffstreifen rundherum, damit es von beiden Seiten schön aussieht.

Herbstsonnen

Die bunten Farben des Herbstes lassen sich mit diesen leuchtenden Herbstsonnen eine Zeit lang einfangen und bewahren. Für ein spontanes Geschenk sind sie ideal, da der Zeitaufwand zur Fertigung überschaubar ist. Selbst nach dem Trocknen sehen sie noch ganz lange hübsch aus, also eine echte Alternative im Herbst zu frischen Blumen.

Material	Werkzeuge	Techniken
Herbstblätter	Zange	rollen/biegen
Hagebutten		durchstechen
Draht		fädeln
		verzurren

So gehts:

Die frischen Herbstblätter werden gerollt oder gebogen und abwechselnd mit Hagebutten auf Draht gefädelt. Die Hagebutten dabei immer am unteren Ende durchstechen, da in der Mitte die Kerne das Durchstochern sehr erschweren. Anschließend den Draht zum Ring biegen und verzurren. Blätter und Hagebutten trocknen am Ring und sehen je nach Standort noch einige Wochen sehr schön aus.

Kristallsonnen

Ins Fenster gehängt bringen Kristallsonnen zauberhafte Regenbogenfarben ins Zimmer, wenn draußen die Sonne scheint. Sie funkeln und drehen sich und erfreuen jeden Betrachter. Kristalle kann man im Bastel- oder Dekorationsbedarf kaufen – falls nicht zur Hand, sieht auch eine große Perle hübsch aus.

Material	Werkzeuge	Techniken
Papprollen	Schere	schneiden
Wasserfarben	Pinsel	malen
Kristall	Nadel	umfalten
Nylonfaden		fädeln

So gehts:

Eine Papprolle (z. B. von Toilettenpapier oder Küchenrolle) an beiden Seiten einschneiden und aufbiegen, sodass eine Sonne entsteht. Ihre Strahlen kann man jetzt beliebig zuschneiden und anschließend orange und gelb bemalen. Nach dem Trocknen wird ein Kristall im Inneren der Sonne befestigt. Eine Variante besteht aus zwei Papprollen, die jeweils ineinander gesteckt werden. Dafür eine fertige Sonnenhälfte in der Mitte aufschneiden und etwas zusammenschieben, so dass sie in die andere passt (siehe Skizze).

Herzenswünsche

Liebe – Freundschaft – Zuneigung – Glück – Dankbarkeit

FÜR
MAMA

Herzensbilder

Zum Mutter- oder Vatertag sind diese Herzensbilder eine wahre Liebeserklärung. Sie werden als Bilder an die Wand gehängt. Wer einen zusätzlichen Nutzen haben möchte, befestigt ein paar Schraubhaken an der unteren Holzkante – so werden die Bilder zum Schlüsselbrett.

FÜR
MAMA

Material
Holzbrett
Wasserfarben
Nägel
Draht
Perlen

Werkzeuge
Schleifpapier
Pinsel
Hammer
Zange

Techniken
schleifen
malen
hämmern
fädeln
verzurren
schrauben

So gehts:

Die Kanten der Holzbrettchen schleifen und anschließend mit einem oder mehreren Herzen bemalen. Die Herzen können beschriftet oder mit Mustern ausgestaltet werden. Nach dem Trocknen an den Rändern der Herzen Nägel im Abstand von ca. 2 cm einhämmern. Die auf Draht gefädelten Perlen in den Nagelrand verspannen, dabei jeden Nagel einzeln umwickeln.

Herztäschchen

Mit frischem Moos und ein paar Hagebutten werden diese Herztäschchen zum echten Hingucker. Man kann sie auch wunderbar als Geschenktäschchen verwenden und im Inneren kleine Mitbringsel verstecken.

Material

Fotokarton
Bleistift
Herbstblätter
Wasserfarben
Naturbast
Moos
Hagebutten
Papierklebeband

Werkzeuge

Schere
Pinsel
Dosenlocher
Nadel

Techniken

zeichnen
schneiden
drucken/malen
lochen
nähen/kleben
füllen

So gehts:

Auf einen Fotokarton zwei gleichförmige Herzen zeichnen. Das geht am besten, indem man das erste ausgeschnittene Herz als Vorlage für das zweite benutzt. Auf einer dicken Zeitungsunterlage die Herzen aufeinanderlegen und entlang des Randes mit Hilfe eines Dosenlochers in gleichmäßigen Abständen Löcher stechen. Nun werden die Herzen farbig gestaltet – hier wurden sie mit Blätterdruck verziert. Auch mit Mustern bemalte Herzen sehen wunderschön aus. Nach dem Trocknen werden sie zusammengenäht. Damit eine Tasche entsteht, näht man, wenn die Herzbogen beginnen, nur an einem einzelnen Herz weiter.

Eine einfachere Variante ist es, die Herzen mit einen Papierklebeband zusammenzukleben. Wer das Klebeband nicht sichtbar haben möchte, bemalt oder bedruckt die Herzen erst nach dem Kleben.

Moosherzen

Ein Moosherz auf einem langen Haselnussstecken ist ein Geschenk für viele Anlässe. Zum Geburtstag, zur Hochzeit oder einfach, um einmal „Danke" zu sagen, erfreut es den Beschenkten ganz bestimmt. Beim Bauen tut man sich leichter, wenn man daraus eine Partnerarbeit macht. Einer hält fest, der andere wickelt – dann kann nichts mehr schiefgehen.

Material

frisches Moos
Pappkarton
Bleistift
doppelseitiges Klebeband
Wolle
Haselnuss-stecken
feiner Metall-draht
Perlen

Werkzeuge

Messer
Schere
Zange

Techniken

zeichnen
schneiden
kleben
wickeln
anspitzen
stecken
fädeln

So gehts:

Auf einen dicken Pappkarton ein Herz zeichnen und ausschneiden. Anschließend Stücke von doppelseitigem Klebeband gleichmäßig verteilt auf das Herz kleben. Das Herz vollständig mit Moos bedecken und fest andrücken. Anschließend das Ganze auf der Rückseite wiederholen und dann alles fest mit Wolle umwickeln. Das frische Moos trocknet am Herz und bleibt sehr lange schön grün, wenn es nicht in der direkten Sonne steht. Kleine Moosherzen kann man auch wunderbar aufhängen. Hier wurde statt Wolle feiner Metalldraht verwendet und mit Perlen verziert.

Herz-Wunderblume

Wenn man Herzen rundum aneinanderreiht, entsteht eine Blume. Hier wurden sie mit Draht aufgefädelt und in den Zwischenräumen mit Perlen geschmückt. Wer nicht alleine eine Herz-Wunderblume bauen möchte, sucht sich ein paar Helfer. So kann jeder ein Herz gestalten und „wie durch ein Wunder" wird daraus im Handumdrehen ein schönes Gemeinschaftsgeschenk.

Material

dicke Kartonstücke
Wasserfarben
Holzperlen
Draht

Werkzeuge

Messer
Pinsel
Stricknadel

Techniken

zeichnen
schneiden
malen
durchstechen
fädeln

So gehts:

Herzen auf Karton zeichnen. Für eine Blume mit vielen Herzen müssen die Herzen recht langgezogen sein. Wer weniger Herzen in seiner Blume möchte, malt sie ganz dick. Nach dem Ausschneiden die Herzen bemalen – ob einfarbig oder mit bunten Mustern, es hat alles seinen Reiz. Bevor man die Herzen mit Draht auffädelt, sollte man mit einer Stricknadel oder einem dünnen Stäbchen ein Loch durch den Karton stechen. Dadurch lässt sich leichter fädeln, was nun abwechselnd mit Perlen und Herzen erfolgt. Fertig ist die Herz-Wunderblume!

Sockenherzen

Aus zu klein gewordenen Socken und Strümpfen kann man diese kuscheligen Sockenherzen nähen. Sie können als Trostspender und auch als Puppenkissen noch viele Jahre gute Dienste tun. Dabei erinnern sie uns lange an die Zeit, als sie noch passten.

Material
- Socken
- dünne Wolle
- Füllwatte

Werkzeuge
- Schere
- Nadel

Techniken
- schneiden
- füllen
- nähen

So gehts:

Schneidet man von einer Socke am Fußteil schräg ein Stück ab, entsteht die Form eines halben Herzens. Zwei solcher Teile näht man mit dünner Wolle zusammen und lässt dabei eine kleine Öffnung zum Füllen. Ist das Herz prall gefüllt, wird das letzte Stück zugenäht. Wer möchte, kann noch Muster hineinsticken. Socken mit Löchern werden gestopft, wie in alten Zeiten, oder einfach zugenäht. Selbst wenn man nur noch einzelne Socken hat, sieht auch ein ungleiches Paar als Herz sehr schön aus. Wichtig ist nur, dass die Socken die gleiche Größe haben.

Herzlichter

Ein Schraubglas hat hier ein Gewand aus Salzteig bekommen. Durch die ausgestochenen Herzen leuchtet der Kerzenschein. Die Herzlichter sind nicht schwer herzustellen, aber das Trocknen kann etwas kniffelig werden. Feine Risse können entstehen. Wem das nichts ausmacht, der kann unbeschwert ans Werk gehen.

Material

Salzteig
Schraubgläser
Teelicht
Zapfen
Naturbast

Werkzeuge

Nudelholz
Herzausstechformen
Holzstäbchen
Messer

Techniken

ausrollen
ausstechen
lochen
schneiden
andrücken
wickeln

Rezept für Salzteig:

400 g Mehl
400 g Salz
2 EL Öl
270 ml warmes Wasser

Alle Zutaten miteinander vermengen und gut durchkneten. Den Teig in Frischhaltefolie gepackt über Nacht in den Kühlschrank legen.

So gehts:

Den Teig zu einer ca. 0,5 cm dicken Platte ausrollen und mit dem Messer einen beliebig breiten Streifen in Länge des Glasumfanges herausschneiden. Mehrere Herzen ausstechen und mit einem Holzstäbchen kleine Löcher einbohren. Die fertige Teigplatte um das Glas legen und andrücken. Das Windlicht im Ofen bei ca. 50 Grad über mehrere Stunden trocknen. Die Herzlichter können auch ganz ohne Ofen bei Raumtemperatur trocknen - das dauert, je nach Dicke des Salzteigs, ca. 2-3 Wochen. Je langsamer der Trocknungsprozess, desto kleiner ist die Wahrscheinlichkeit, dass sich Risse bilden.

Sternenzauber

Hoffnung – Frieden – Geburt – Winter – Weihnachtszeit

Mandala-Sterne

Die leuchtende Farbenpracht der Herbstfrüchte strahlt in diesen Mandala-Sternen. Sie sind eine Idee für ein spontanes Geschenk, da der erforderliche Arbeitsaufwand überschaubar ist: Nichts für die Ewigkeit, aber für den Augenblick eine zauberhafte Überraschung. Im Freien halten die Mandala-Sterne durchaus einige Wochen.

Material	**Werkzeuge**	**Techniken**
Kastanien	Schere	fädeln
Hagebutten	dünner Handbohrer	bohren
Zieräpfel		stecken
Blätter		wickeln
Perlen		
Lange Steck-nadeln/Draht		
Naturbast		

So gehts:

Frische Herbstfrüchte sammeln oder vom Baum ernten. Zum Durchstechen und Auffädeln eignen sich lange Stecknadeln aus dem Floristik-Bedarf am besten. Wer keine hat, kann alternativ mit festen Drahtstücken arbeiten. Dann das Ende der Drähte umbiegen, damit nichts herunterfällt. Die Hagebutten können nur im unteren oder oberen Teil durchstochen werden, da in der Mitte die Kerne zu dicht aneinander liegen. Falls zur Hand können auch kleine Holzperlen mit aufgereiht werden. Damit ein Mandala entsteht, überlegt man sich eine Reihung, die sich auf allen Sternenpitzen gleich wiederholt. Bei der Kreuzvariante wird doppelt gefädelt, d.h. es werden zwei Nadeln als Halterung pro Spitze eingesteckt.

Eisstäbchensterne

Wer den Sommer über Eisstäbchen sammelt, hat im Winter genügend Material, um diese Sterne zu basteln. Man kann die Holzstäbchen aber auch im Bastelbedarf beziehen.

Material	Werkzeuge	Techniken
Holzstäbchen	Pinsel	malen
Wasserfarben	Schere	wickeln
Goldfaden		verknoten
Klebstoff		schneiden
Goldpapier		kleben
Streuglitzer		eintauchen

So gehts:

Die Eisstäbchen auf beiden Seiten bunt bemalen. Nach dem Trocknen zwei Stäbchen kreuzweise übereinanderlegen, umwickeln und verknoten. Mit zwei weiteren Stäbchen ebenso verfahren. Nun die zwei entstandenen Kreuze versetzt übereinanderlegen, wieder umwickeln und verknoten. Jetzt kann man Goldpapierstücke aufkleben. Zum Schluss mit dem Kleber Punkte auftropfen und die Sterne in Streuglitzer eintauchen.

Sterntaler

Wie vom Himmel gefallen liegen die Sterntaler im Schnee. Sie sind ein liebevolles kleines Geschenk für alle, denen wir im Advent eine Freude machen möchten. Wer eine Schnur als Aufhänger befestigt, kann auch seinen Christbaum damit schmücken.

Material

Astscheiben
Wasserfarben
Wolle
Goldfäden
kleine Perlen

Werkzeuge

Bohrer/Bohrmaschine
Schleifpapier
Pinsel
Nadel

Techniken

bohren
schleifen
malen
sticken
fädeln

So gehts:

Den Stern, den man später auf die Astscheibe sticken möchte, zunächst auf Papier malen; dabei auch alle benötigten Bohrlöcher markieren (siehe Skizze). Die Astscheibe jetzt nach dieser Vorlage bohren. Die Bohrlöcher mit Schleifpaper sauber abschleifen, sodass keine Überstände mehr zu sehen sind. Jetzt können die Scheiben bemalt und bestickt werden. Wer möchte, kann auch zwischendurch beim Sticken kleine Perlen mit aufziehen.

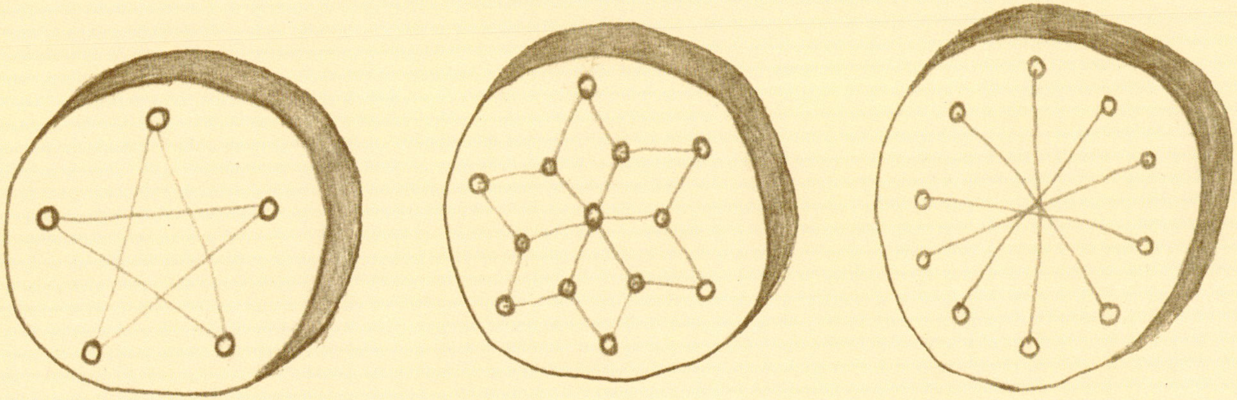

Wickelsterne

Ganz einfach und schnell sind diese Wickelsterne gemacht. Wer also noch rasch ein Geschenk braucht und nicht mehr viel Zeit hat, für den sind diese Sterne vielleicht eine Idee. Als Fenstersterne sind sie sehr gut geeignet, weil sie sozusagen zwei „Schokoladenseiten" haben. Alle, die für ihr Weihnachtspäckchen noch einen persönlichen Geschenkanhänger brauchen, könnten sich ebenfalls gleich ans Werk machen.

Material
dicker Draht
Holzperlen
Garn/Wolle

Werkzeuge
Zange
Schere

Techniken
fädeln
biegen
wickeln
verknoten

So gehts:

Auf dicken Draht ganz viele Holzperlen fädeln. Anschließend mit der Zange den Stern biegen. Dabei schiebt man an der Biegestelle einfach die Perlen zur Seite und dann wieder zurück. Die beiden Drahtenden miteinander verbinden, damit der Stern nicht aufgeht. Mit Garn oder bunter Wolle wird nun kreuz und quer gewickelt – fertig ist das gute Stück.

Stäbchen-Fädelstern

Der Stäbchen-Fädelstern besticht durch seine filigrane Erscheinung. Ins rechte Licht gesetzt, strahlt die Sonne durch seine Öffnungen und wirft verwunschene Schatten an die Wand. Für diesen Stern braucht man viele Holzspatel. Wer nicht lange sammeln möchte, kann sie auch im Bastelbedarf erstehen.

Material	Werkzeuge	Techniken
ca. 30 Holzstäbchen	Haushaltsgummis	umwickeln
Wasserfarben	Bohrer/Bohrmaschine	bohren
Draht	Pinsel	malen
Perlen	Zange	fädeln
		verzurren

So gehts:

Die Holzstäbchen bündeln und mit Haushaltsgummis fixieren. Jetzt kann man die Stäbchen im Stapel bohren (2-3 Löcher, je nach Anzahl der Drahtringe) und an den Rändern mit Wasserfarben bemalen. Nach dem Trocknen werden abwechselnd Stäbchen und Perlen aufgefädelt. Nach dem Fädeln wird das Ganze zum Kreis gebogen, so entsteht ein Stern. Der Stern wird nur stabil, wenn er von mindestens zwei Drahtfädelringen gehalten wird. Je nach Größe der Perlen entscheidet sich, wie viele Perlen im zweiten Ring für den Zwischenraum nötig sind. Einfach ausprobieren!

Sternenlichter

Für romantisches Licht in der Weihnachtszeit sorgen diese Sternenlichter. Schraubgläser und Goldpapier sind die einzigen Zutaten für die herzerwärmenden Geschenke, die an einem einzigen Bastelnachmittag oder Abend „gezaubert" werden können.

Material	Werkzeuge	Techniken
Schraubgläser	Schere	schneiden
Goldpapier	Dosenlocher	lochen
Bleistift	Unterlage	kleben
Klebstoff		füllen
Sand		biegen
Teelicht		

So gehts:

Die Schraubgläser gründlich reinigen, damit sie fettfrei sind und der Klebstoff darauf später gut hält. Auf Goldpapier verschieden dicke Streifen in der Länge des Glasumfangs aufzeichnen. Die Papierränder können gerade bleiben oder mit eingeschnittenen Mustern verziert werden. Mit dem Dosenlocher noch zusätzlich Löcher ins Goldpapier drücken. Dabei eine dicke Unterlage verrwenden, um den Tisch nicht zu verkratzen. Jetzt kann man die Streifen um das Glas kleben. Der oberste Streifen wird zum Stern. Dazu vor dem Ankleben lange Zacken einschneiden und nur den nicht eingeschnittenen Rand des Streifens mit Klebstoff versehen. Zum Schluss die Zacken einfach umbiegen und schon erstrahlt ein Stern. Wer in das fertige Sternenlicht ein Teelicht stellt, füllt zuvor das Glas mit etwas Sand, damit die kleine Kerze sicher steht.

Materialtipps

Nahezu alle im Buch verwendeten Materialien wurden gesammelt oder wiederverwertet. Für Gruppenaktionen (z. B. im Kindergarten oder in der Schule) beteiligt sich jeder und bringt etwas mit. So entsteht eine stattliche Materialsammlung.

Die im Buch erwähnten „Wasserfarben" stehen für Flüssigfarben oder Deckfarben, je nach dem, was zur Verfügung steht. Alle Werke, die fürs Freie gestaltet werden, brauchen natürlich wasserfeste Farbe, während für den Innenraum Deckfarbe völlig ausreichend ist. Als Klebstoff wurde ausschließlich Bastelleim, Holzleim oder doppelseitiges Klebeband verwendet.

Alle dicken Kartonstücke sind kleingeschnittene Schachteln, die in jedem Supermarkt oder Elektrogeschäft täglich anfallen.

Holzreste und Baumscheiben bekommt man beim Brennholzanbieter, beim Schreiner oder im Baumarkt oft ganz günstig oder sogar geschenkt. Frisch geschnittene Ast- und Baumscheiben (z. B. vom Frühjahrsschnitt im Garten) sollten vor dem Verarbeiten getrocknet werden.

Frisches Moos findet man an schattigen Plätzen im Wald. Bei der „Ernte" sollte man darauf achten, nur kleine Moosstücke herauszunehmen, damit die Lücken schnell wieder zuwachsen können.

Sicherheitshinweise

Die im Buch dargestellten Vorschläge sind für verschiedene Altersgruppen gedacht und können je nach Erfahrungsstand mit mehr oder weniger Hilfe von Erwachsenen oder ganz selbstständig umgesetzt werden. Generell gilt: Die Kinder bei Arbeiten mit Werkzeugen, Klebstoffen, kantigem und spitzem Material (z. B. Draht) bitte nie alleine lassen. Zeigen Sie Vorgehensweisen und Techniken, den Umgang mit Werkzeugen und Geräten und weisen Sie auf Gefahren hin. Wichtig ist, sich beim Entstehen der Werke Zeit zu lassen. Zum einen können Sie und die Kinder den kreativen Prozess in vollen Zügen genießen, zum anderen kann in Eile auch schneller etwas passieren. Deshalb nicht vergessen: „In der Ruhe liegt die Kreativität!"

Danke

Anna, Jakob und Josef vielen Dank, dass ich Euch fotografieren durfte. Christian, Du Retter der verschwundenen Fotos, was wäre ich ohne Dich. Hannah, Sternenbewunderin, ganz lieben Dank für Deine zauberhaften Zeichnungen und die gewissenhaften Korrekturen der Texte. Mona, Glücksklee-finderin, danke für's Mitbasteln und dass Du mich immer wieder daran erinnerst, dass es noch etwas anderes gibt als „Bücherschreiben".